LA INTELIGENCIA

Y sus dimensiones operativas:

Racional, Emocional, Espiritual

FERNANDO JIMÉNEZ HERNÁNDEZ-PINZÓN

Para definir y clarificar el concepto de *Inteligencia*, lo voy a concretar en la siguiente definición: *La Inteligencia es la facultad que nos abre al conocimiento de la realidad circundante y de la realidad intra-corporal, y que organiza nuestra capacidad de adaptarnos a ella, a esa doble realidad, y de adaptarla a nosotros: transformándola, re-creándola y disfrutándola.* esta es la definición que he elaborado como punto de partida para nuestro análisis posterior.

Desde la consideración *filogenética*, la Inteligencia es una facultad que emerge en estados evolutivos superiores de la vida animal, convirtiéndola en una especie nueva: la especie del *animal rationalis* de Aristóteles, para quien la *racionalidad* es la característica especial que califica a quienes pertenecemos a esta especie, la *especie humana* como "inteligentes": la especie del *HOMO SAPIENS*.

En principio, la Inteligencia, facultad ontogenéticamente constitutiva de cada ser humano (el *homo sapiens*) es un *instrumento de supervivencia*. En estados evolutivos anteriores, el impulso progresivo de la vida desarrolló las fauces al león, para defenderse y sobrevivir, igual que los colmillos al elefante y las garras al leopardo, o el veneno a la serpiente, o las patas veloces a los caballos para huir de los peligros: herramientas elementales de supervivencia. Pues con ese mismo fin se desarrolló la *Inteligencia* en ese ser animal en evolución. Gracias a la Inteligencia, se constituyó en especie distinta, la especie del *homo sapiens*, la especie humano-espiritual: para sobrevivir; pero no sólo para sobrevivir adaptándose al medio, sino descubriéndolo, conociéndolo, mejorándolo evolutivamente y habilitándolo para ejercer sobre sí mismo con el fin de adaptarse al medio, y de ejercer sobre el medio de modo que el medio se adapte a sus necesidades y a sus proyectos y a sus aspiraciones personales y sociales . Es decir, sobrevivir adaptándose, perfeccionándose, superándose, elevándose...

Y con esa finalidad de sobrevivir y vivir mejor y progresar, la inteligencia nos dotó de la capacidad de *pensar y* de *recordar*, de *anticipar los resultados de nuestras acciones*, de *aprender de los errores*, y de *crear recursos técnicos* que nos prolonguen en fuerzas más allá de nuestras fuerzas corporales, y *de elegir* los medios más adecuados a nuestros fines...

Por su etimología, el término *Inteligencia* tiene dos acepciones: *Intus légere* y, según otros lingüistas *inter-elígere.*

Intus légere: La Inteligencia nos capacita para *leer por dentro*, no quedarnos en las apariencias ni en lo superficial, sino descubrir las posibilidades y lo que se oculta, lo que filosóficamente significa *acceder a la Verdad* (*Verdad* en griego es *Alexeia*: descubrir lo oculto, desvelarlo).

Y como el concepto de Verdad, según los filósofos escolásticos, es intercambiable con el de Bondad, y con el de Belleza y con el de Totalidad (*Unum, Verum, Bonum et*

Pulchrum), resulta que el animal humano *está llamado*, es decir: cada persona humana estamos llamados :

-*Cognoscitivamente*, intelectualmente, a la **Verdad**

-*Éticamente*, a la **Bondad**,

-*Estéticamente*, a la **Belleza** (hacer de uno mismo una obra de Arte, como lo preconizaba el filósofo Kant)

-*Social y existencialmente* el animal humano está llamado a la **Totalidad**, a la integración cósmica, a la hermandad universal, a la solidaridad global, en definitiva a la Transcendencia, a la Espiritualidad, al *Punto Omega* de Theillard de Chardin.

Pero existe otra acepción etimológica del término verbal *Inteligencia*, que es la de *inter-eligere*: *elegir* entre posibilidades; *calcular, medir, actuar, esperar, renunciar; prever y anticipar* las consecuencias de las elecciones, el "vértigo de las posibilidades" (de ahí el "Miedo a la libertad" que fue un libro de Erich Fromm, de enorme impacto en la mitad del siglo pasado).

En definitiva, la Inteligencia es la facultad de *ser libres* (libres para *elegir* y *crear*), y *responsables* de nuestros compromisos, creaciones y elecciones. Es, por lo tanto, una facultad de *realización personal*, no solamente de supervivencia.

Está facultad se constituyó como *base de diferenciación* de los seres humanos: ninguno somos iguales ni rendimos los mismos resultados. Lo cual nos llevó a establecer entre las personas una distinción maniquea entre "inteligentes" y "no inteligentes": las *personas inteligentes* sirven para los estudios, los puestos de mando en las empresas, los cargos públicos y políticos... Y las *personas no inteligentes* se dedicaban a las labores de servicio.

INTELIGENCIA *RACIONAL*

Pero como esta apreciación superficial descrita en el párrafo anterior ha dado lugar a muchas confusiones y sorpresas: ¿cómo se mide esa capacidad del ser humano? porque resulta empíricamente que muchas personas que habíamos considerado *no inteligente* realizan logros y alcanzan niveles en el trabajo o en la vida social por encima de los que considerábamos *inteligentes*. Y además, porque entre las personas consideradas *inteligentes* las habrá de mayor o menor inteligencia, y entre las consideradas *no inteligentes* habrá quienes son más y quienes son menos...

Para solucionar esta aporía, al principio del siglo pasado, un psicólogo y pedagogo francés, llamado Alfred Binet, aficionado al ajedrez, junto con otro colega llamado Simon, idearon y elaboraron técnicamente el primer test para "medir la inteligencia". Está claro que la Inteligencia es una facultad mental, *inmaterial*, que no se puede medir, por lo que el *test* lo que pretendía era *cuantificar*, valiéndose de unas pruebas sistematizadas, los resultados inteligentes. Propusieron una serie de problemas (numéricos, lingüísticos, de situaciones, de razonamientos...) a los que hay que aplicar los conocimientos y la razón para resolverlos. Quienes solucionan más y más rápidamente, dentro de un tiempo limitado, se califican como más inteligentes dentro de una Escala. Además, estos autores crearon un concepto, con la sigla EM, el concepto de *edad mental,* en comparación, en más o menos, con la *edad cronológica.*

Este procedimiento de medición lo completó años después, hacia 1912, un psicólogo alemán, Whilhem Stern, que elabora un nuevo concepto, con la sigla IQ, en nuestro idioma CI, Cociente Intelectual, que resulta de dividir la Edad Mental por la Edad Cronológica. El número resultante sirve para clasificar la capacidad intelectual de cada persona examinada en una serie de niveles: los más inteligentes que dan más de 120; los que dan menos de cien que bordean la normalidad; los deficientes, los superdotados, etc...

Con estos criterios se seleccionaban personas para puestos de trabajo, para cargos de dirección en empresas, para oficiales del Ejercito, o para realizar o no estudios superiores.

Vean que son criterios fundados en los aspectos cognitivos y racionales de la Inteligencia. Tanto que el concepto fundamental de referencia es el de *Inteligencia Racional*. Se consideraba que las personas con un índice más alto de Inteligencia Racional darían mejores resultados en la vida, en cualquiera de sus ocupaciones, y merecían que se les proporcionaran mejores oportunidades: estudios, becas, sueldos, puestos de trabajo, y elogios y admiración de parte de los demás.

Este criterio, como saben (y quizás incluso muchos habéis comprobado) ha proporcionado muchos chascos: personas que habían respondido peor a las pruebas, después se adaptaban mejor al trabajo, o resultaban más eficientes, o más creativos, o más aceptadas por los directivos o por los subordinados, etc.

Entonces, casi al final del siglo pasado, hacia 1988, se produjo un boom editorial cuando un psicólogo, profesor de la Universidad de Harvard, Howard Gadner, publicó su investigación sobre las "Inteligencias Múltiples", que "revolucionó" el concepto de inteligencia y los modos de valorarla (incluso se le concedió el Premio Príncipe de Asturias de las Humanidades).

Sus investigaciones le llevaron a "descubrir" (lo digo también entre comillas) que no tenemos los humanos una sola inteligencia que se pueda aplicar a todo, sino que existen ocho modalidades de inteligencia. Con lo que se comprueba que quien *no resulta inteligente* para unas cosas, o en una rama del saber y del actuar, no significa que no lo pueda ser para otras... Estas modalidades son: La inteligencia *lingüística,* la *numérico-matemática,* la *musical,* la *corporal-kinestésica* (el ejercicio del deporte, por ejemplo requiere de esta inteligencia especializada), la *espacial,* la *naturalista,* la *intrapersonal* y la *interpersonal.* (Lo mismo se podrían buscar otras modalidades: hace unos días apareció un artículo que se titulaba *Inteligencia financiera,* que por lo visto no tubo cabida en la investigación de Gadner). Se deduce de esto que hay muchos modos de realizarse inteligentemente. (Y además si, por ejemplo. se unen en una persona la musical con la lingüística , saldrá un magnífico cantautor; y de la corporal con la musical resultará quizás un bailarín...etc.).

Esto nos lleva a cambiar nuestro concepto valorativo de las personas, y de nosotros mismos. Siempre recuerdo aquel dicho irónico del *superinteligente* científico Einstein: *"Todos somos ignorantes, lo que pasa es que ignoramos cosas distintas"*. A la inversa: todos somos inteligentes, cada persona en su modalidad.

INTELIGENCIA *EMOCIONAL*

En 1996 se publica otro libro, *La Inteligencia Emocional*, del psicólogo americano Daniel Goleman, que tiene la suerte de que la revista TIME lo recoge y se convierte en best-seller mundial. Lo que viene a decir Goleman con el concepto de *Inteligencia Emocional* también era sabido. Ya lo había anticipado *Le pétit Prince* de Saint Exupery: que *no conocemos sino con el corazón, que la verdad es invisible a los ojos*; antes lo había dicho otro francés Blas Pascal, con aquel aforismo: "El corazón tiene razones que la razón no comprende"; y nuestro filósofo español Xavier Zubiri del siglo pasado había elaborado el concepto de *Inteligencia Sentiente*. Quiero recordar que ya los filósofos escolásticos hablaban de *conocimiento sensitivo* y conocimiento *per sympathiam facultatum*: es decir, que ya pensaban y creían que el conocimiento racional requiere y se completa con ciertas afinidades emocionales y sensitivas.

Pero no cabe duda que la aportación de Goleman y su pensamiento ha sido una aportación importante y oportuna: *Inteligencia Emocional* como *capacidad de controlar y organizar las emociones para que nos proporcionen una más completa experiencia cognitiva a nuestros conocimientos*, y para que *las emociones no interfieran en nuestro camino hacia nuestros objetivos* y, sobre todo, al objetivo final que todos pretendemos que es el de la Felicidad, ser felices. Que las emociones no nos hagan zozobrar entre sus oleajes, ni nos arrastren en su impetuosa corriente.

Para dar a entender mejor este concepto de *Inteligencia Emocional* se puede utilizar la metáfora del surfista que va moviendo inteligentemente la vela de su *wind-surf,* de modo que recoja y aproveche la fuerza del viento, sin dejarse arrastrar, derribar o zozobrar en el oleaje: así la *inteligencia emocional aprovecha en su beneficio la fuerza del ímpetu de las emociones sin dejarse dominar o sucumbir en el tumulto de sus olas y de sus mareas.* Del mismo modo propongo a veces la metáfora del *Velero*: el gobernante del velero, el cibernetes , va controlando las velas y sosteniendo el timón, para que el velero pueda seguir su ruta y alcanzar sus objetivos, haciendo frente a los escollos y las tempestades, y valiéndose del empuje impetuoso del viento.

Pero sobre todo se puede aportar el Mito de *Carro Alado* de PLATON porque, a mi modo de ver, simboliza mejor que ningún otro ejemplo lo que se entiende por *inteligencia emocional*: El auriga, que representa a la *Inteligencia,* a la Razón, dirige a su *caballo blanco* (que representa a las *emociones*) y a su caballo negro (que son los *instintos,* los impulsos instintivos), hacía su propio objetivo en la vida para la realización completa de la persona como ser libre, completo, maduro, inteligente y feliz.

La *Inteligencia* que es la función mental que regula, dirige y controla las *emociones* y los *instintos*, se prolonga en *Voluntad* para mantenerse firme en el camino que le conduce a la conduce a alcanzar *los propios objetivos vitales.* Y así es como se realiza el ser humano el Libertad: eligiendo libremente sus objetivos, y *liberándose* de las fuerzas interiores que le impedirían o lo interferiría en su consecución.

Aprovecho para recordar que la emociones fundamentales no son más que *siete*, y que de éstas se derivan todas las demás:

-*alegría* (bienestar, júbilo, entusiasmo…),

-*pena* (tristeza, disgusto, depresión…),

-*amor* (cariño, ternura, apego, compasión…),

-*odio* (aversión, rechazo, antipatía, envidia..),

-*ira* (enfado, rabia, cólera, agresividad…),

-*culpa* (remordimiento, vergüenza...)

-*miedo* (temores, timidez, retraimiento, vergüenza…)

Y nos conviene saber, para el buen uso de la Inteligencia Emocional, que:

1. Todas son *necesarias para que vivamos la vida con felicidad:*

2. Todas *tienen un motivo*, y es necesario descubrir por qué se tiene esa emoción o sentimiento. Por qué los tiene uno mismo y las otras personas.

3. Que, para vivir la vida y crecer y progresar en ella, es necesario *conocerlas,* en nosotros y en las demás personas, y saberlas *controlar y superar* cuando pueden

ser perjudiciales y tóxicas para otras personas y para sí mismo.

Mi larga actividad como psicoterapeuta me ha brindado la oportunidad de observar cómo cada persona configura sus emociones y sus estados emocionales, y cómo va amasando -a través de toda su trayectoria vital- sus sentimientos predominantes. Y que de estas emociones es de donde surgen muchas de las respuestas singulares, las propias de cada persona, a los estímulos que recibe, y que, en consecuencia, son los que perfilan ese "carácter" que hace a cada persona *única* y *especial*. Todos hemos conocido a personas de carácter generoso cuyo sentimiento característico puede ser la *admiración* valorativa de las demás, mientras que en otra persona su emoción dominante es la *envidia*, o la *emulación* competitiva, o la *rivalidad*, o el *menosprecio* altanero de todo lo que no es lo suyo. En otras personas opera con predominio la *pena* compasiva hacia otros o hacia sí mismo, o la *cólera*, se enfadan por todo, o la *culpabilidad* atosigante, o la *angustia*, o la *ambición*, o la *alegría* permanente....

Sin embargo todos experimentamos toda la gama de las emociones, ya que son como "pilotos automáticos" de nuestro "aparato" interior, que señalizan nuestro camino existencial. Por ejemplo, el "piloto" *miedo* estimula la actitud de precaución, o aconseja la evitación ante un posible mal inminente; la *esperanza* alienta el deseo hacia la consecución de un bien posible sin desfallecer por los obstáculos; la *desesperanza* opera como afecto disuasivo, ante la imposibilidad de superar los obstáculos, para no malgastar energías orgánicas en un esfuerzo que sería inútil; la *ilusión* moviliza energías biológicas para acelerar el paso hacia la posesión del bien previsto, el *amor* concentra las energías para la conservación definitiva de ese bien poseído, la *aversión (repugnancia, odio, antipatía)* aconseja el desprendimiento o la retirada de lo que es o se está convirtiendo en un mal amenazante, la *cólera* dispone las energías vitales y las acrecienta para la superación, enfrentamiento o destrucción de los obstáculos interpuestos; la *tristeza* supone la toma de consciencia de la dimensión del bien perdido, o de la presencia inevitable de un mal, para disponer el ánimo hacia la reorganización del psiquismo en una posible reposición de bienes posibles o de superación futura de la situación actualmente dolorosa; la *alegría* es la expresión afectiva de la posesión de un bien o de su posibilidad esperanzada...

Por esto es por lo que nunca hemos de considerar que estas *siete emociones* primarias puedan ser malas en sí mismas, ni dañinas para el bienestar y el equilibrio psicológico: *el miedo, la pena, la alegría, la rabia, el displacer, el amor, la aversión*...son movimientos psíquicos necesarios y benéficos para el equilibrio de la mente y para la orientación vital de la persona en la existencia, lo mismo que los fenómenos de la naturaleza son necesarios para el equilibrio cósmico: frío, calor, lluvia, tormentas, vientos, tempestades... La palabra *emoción* deriva del latín *"e-movere"*, en cuanto que las emociones son como *movimientos* del espíritu para nuestra conducción adecuada entre los complicados vericuetos de la vida. A través de todos estos vericuetos emocionales, pasa renovadamente, a lo largo de toda la vida individual, la pujanza anhelante de nuestro ilusionado deseo de vivirla en plenitud, impulsados por nuestros instintos, pero conocidos dirigidos y guiados por nuestra Inteligencia Emocional.

Este concepto de *Inteligencia Emocional* nos viene a decir también, y ha sido una clarificación necesaria en nuestros tiempos, que la inteligencia no solo nos sirve para asimilar conocimientos o para aplicarlos eficientemente, sino que nos sirve también para *aprender* de los errores, sacar *provecho* de los errores y de los fracasos, *superarnos* frente a las adversidades... y transformar lo que sea necesario con ese otro poderoso instrumento de realización humana, que es el *amor*.

Si no fuera así, no estaríamos ahora en la existencia: nuestra especie se hubiera extinguido en el proceso filogenético.

Quiero hacer notar y subrayar unos principios de la actuación emocionalmente inteligente, sistematizados básicamente por la doctora Solange Sand:

1.-Que la actuación menos inteligente que puedo adoptar como ser humano es la de *hacer a otra persona culpable y responsable* de lo que me sale mal o no me gusta, por muchos errores que también la otra persona haya podido cometer. Y *menos inteligente es autojustificarse, hacerme la víctima* o decir y creer que soy víctima de alguien.

2.- El equilibrio y la madurez a nivel psicológico se logra con la capacidad, que potencialmente tenemos todas las personas, de *tomar las riendas de mi propia vida,* manejando mis propias reacciones emocionales y actuando *de manera flexible* ante las exigencias y problemas de la vida diaria. Para obrar así es imprescindible el desarrollo de la *Inteligencia Emocional.*

3.- La persona emocionalmente inteligente es querida y aceptada por las demás porque sabe andar hacia adelante sin sentirse *fracasada,* a pesar de sus inevitables errores, y porque sabe además *estar contenta consigo misma,* reconociendo sus fallos pero enderezándose tras sus tropiezos (eso es lo que se llama *resiliencia), sin necesidad de echar la culpa a otra persona,* aún reconociendo los posibles fallos o errores de esa persona.

4.- La persona inteligente *es consciente de su fortaleza interior, de sus habilidades, capacidades, cualidades*... así como también de sus *debilidades,* de las cuales *no tiene que sentirse culpable,* pero *sí, haciéndose responsable de ellas.*

5.- La persona emocionalmente inteligente *se entrega de manera auténtica y generosa* (no egoísta) a los seres queridos, pero *sin establecer lazos de sumisión y dependencia.*

6.- La persona emocionalmente inteligente es *asertiva* a la hora de expresar sus sentimientos y sus convicciones, pero al mismo tiempo sabe ser *empática* para comprender y aceptar los sentimientos y estados de ánimo de las otras personas .

7.- La persona emocionalmente inteligente sabe *mantener la serenidad,* y a la vez sabe *involucrarse activamente* y comprometerse en acciones que le llevarán a conseguir sus metas y objetivos; siempre desde expectativas realistas y alcanzables, acordes y congruentes con su ser.

8.- Esta búsqueda no está concentrada en sí, sino que *también involucra y favorece a otras personas,* superando el orgulloso Narcisismo y encauzando su interés hacia una *productividad favorable* y benéfica para otras personas.

9.- La persona emocionalmente inteligente podrá estar a veces triste, frustrada, contrariada, o enfadada; habrá situaciones en las que sienta miedo, soledad, ansiedad e incluso tristeza auténtica; pero tomará las medidas adecuadas y buscará las ayudas necesarias para salir de tales situaciones y circunstancias *sin aprovecharlas para acusar a nadie (ni a la pareja, ni a la sociedad, ni a Dios y la Iglesia) y autojustificarse exhibiendo su propia "desgracia" (que eso es masoquismo).*

10.- La persona emocionalmente inteligente sabe que cualquier adversidad puede convertirse en una *oportunidad.* Y hace suyo lo que se ha dicho muchas veces y ahora voy a formularlo tal como lo leí en un artículo de Rosa Montero titulado *La carambola de la felicidad: "Un mal momento, un dolor o un disgusto*

pueden ser el comienzo de la carambola de la felicidad".
Sabiendo, como dice nuestro refrán, que cuando una puerta se nos cierra, se nos pueden abrir muchas ventanas...

Y todo esto porque la persona emocionalmente inteligente sabe que la vida no esta hecha para satisfacer todas mis   aspiraciones subjetivas, que *el dolor y las adversidades advienen sin que podamos evitarlo,* que en la navegación por los mares de la vida hay días de calma y días de tormenta, pero que lo importante y lo inteligente es seguir el rumbo avanzando hacia delante en la nave; sin olvidar que el *sufrimiento,* "estar siempre sufriendo y quejándonos por todo lo malo que me pasa", es *optativo,* que lo tenemos y lo mantenemos porque, de modo más o menos conscientes, decidimos tenerlos o mantenerlos y sacar algún provecho secreto de ellos. Leí una vez una frase que ahora me viene a la memoria, estimulante en su simplicidad: *"Existen algunos pocos seres superiores y fuertes que han optado por sentirse libres de irritarse y amargarse por las contrariedades cotidianas de la vida."*

Y quiero recordaros también lo que se decía en la película *Tierras de Penumbra*: *"La felicidad de ahora es parte del dolor de entonces"*.

Bueno, creo que queda claro que *el objetivo de la vida en los humanos no es lograr la supervivencia, sino lograr la felicidad.* Y que para eso se nos dotó de ese instrumento mental que es la Inteligencia.

El objetivo de la vida es su realización más plena de mí mismo en ella. Y en esto consiste, por lo menos en gran parte, la Felicidad. De lo que concluyo que la persona verdaderamente inteligente es la que encamina su vida hacia el objetivo racional, emocional y espiritual de la Felicidad.

Para eso es necesario que el ser humano, ese "pobre hombrecillo" que describió Wilhem Reich, siga progresando, avanzando y superándose en su camino de crecimiento existencial, hasta la esfera del Espíritu, al punto Omega de su auto-realización y de su compromiso existencial, ya que para llegar a esa esfera de su psique, le han estado impulsando *los atisbos pre-cognitivos de su instinto*, y hacia ella se orientaban *los anhelos cognitivo-afectivos de su corazón*, y para ella se sistematizaron *las comprobaciones y razones de su Inteligencia Racional, y para arribar hasta ella manejaba las velas y avanzaba en la nave de su Inteligencia Emocional.* La *autorealización total* del ser humano en su proceso evolutivo se condiciona a su capacidad de trans-pasar el *Noos*, la Inteligencia *Racional*, y tras-pasar también la Inteligencia *Emocional,* hasta arribar a las playas abiertas del Espíritu, que es puente entre la inmanencia y la trascendencia, donde el ser humano enriquece y completa su conocimiento y su experiencia de la realidad y de la Vida, con el cultivo y el desarrollo de la *Inteligencia Espiritual*.

INTELIGENCIA ESPIRITUAL

El sintagma *Inteligencia Espiritual* integra dos *significantes* verbales : el sustantivo *Inteligencia* y el adjetivo *Espiritual*.

El primer paso que corresponde dar para su comprensión es definir, aclarar y clarificar, el significado o los significados de cada uno de estos significantes, dejando aclarado

Para evitar malentendidos desde el principio, quiero empezar por el que incita mayor perplejidad que el término *espiritual* no se circunscribe al ámbito de lo religioso, aunque, por supuesto, tampoco lo excluye.

En nuestro idioma, el lexema *espiritual, y lo espiritual, espiritualidad,* lo hemos tenido prácticamente exclusivizado al campo semántico de lo religioso. Identificamos lo *espiritual* con lo *religioso* y, muchas veces, con los aspectos menos simpatotónicos de lo religioso: espiritual como sinónimo de beato, capillita, mojigato, alguien que vive fuera de la realidad, un “bendito” o una “bendita”, en un limbo de iglesias, santos, medallas y procesiones.

En este trabajo consideramos lo *espiritual* como una *dimensión de la psique*, un componente mental de nuestra sustancia humana, un espacio de realización personal y de perfeccionamiento psíquico, para el logro de la felicidad. Lo cual es totalmente válido, incluso necesario, tanto para quienes tienen creencias y vivencias religiosas como para quienes no las tienen.

Nos centramos en esta idea: el *espíritu* como dimensión de la mente humana, de la <u>psique</u>; un ático en nuestro edificio personal que nos abre a horizontes insospechados, habitable para toda persona que se proponga habitarlo y disfrutarlo, pero que, desafortunadamente, para muchas personas permanece cerrado, inhabitado, incluso ignorado y desconocido.

Desde una consideración antropológica sabemos que la palabra *hombre*, como significante verbal para designar al ser humano, en la cultura latina se acuñó en un término sustantivo *Homo*, que deriva de *humus,* que en nuestro idioma significa *tierra*: hombre es un ser que procede de la tierra, entendido así por su dimensión terrenal, intramundana.

Pero en la anterior cultura, la cultura griega, se había acuñado para designar al hombre, el término verbal *antropos,* cuyo significado etimológico es *mirar hacia arriba (ana-zoreo)*: el hombre es ese animal que levanta la vista hacia lo alto, que eleva la mirada a las alturas , que transciende y se transciende (*se eleva por encima de*).

Los dos términos que matizan y completan el concepto de lo que es la persona *–homo* y *antropos-* integran y suponen la Inteligencia, y el conocimiento realidad, de una realidad siempre limitada, -gracias a la *Inteligencia Espiritual-* de una realidad iluminada, o que puede llegar a iluminarse con luces del *Espíritu.*

En estas regiones del Espíritu el término *"conocimiento"* y el verbo *"conocer"* adquieren un significado de *compenetración* o de *interpenetración* con lo conocido, que queda *abarcado, incorporado* o *fundido* en una experiencia de encuentro para la que no existe otro significante sinonímico que el que abarca, en su plenitud de significación, la palabra *Amor.*

Esta es también la esfera de la creatividad, del Arte y de la Poesía y, por supuesto también, la esfera de la Fe y de la religiosidad, que suponen y significan, a estos niveles del espíritu, un salto transcendente, culminador de la capacidad del conocimiento humano. La Fe es, humanamente hablando, una modalidad de conocimiento, apacentado en la *Inteligencia Emocional*, que lleva lleva a conocer, a confiar y a amar, incluso lo que no se ve, no se percibe por los sentidos, ni lo capta las antenas noéticas de la razón.

Para algunos filósofos existen dos tipos de conocimiento: El conocimiento *Contemplativo* y el conocimiento *Epifánico*.

Por el *conocimiento Contemplativo*, el ser humano *conoce* primariamente la realidad gracias a su capacidad *senso-perceptiva:* la encuentra, la ve y la percibe. A partir de ahí, analiza esa realidad, la desmenuza y la entiende gracias a la función de *intus legere* de su *Inteligencia Racional*. Complementariamente, la asimila, la comprende, la acepta o la rechaza en función de su *Inteligencia Emocional*.

En el *conocimiento Epifánico*, la realidad se revela al ser humano inteligente, le ilumina ojos, se con-penetra y se hace sustancia de su vida, revelándole nuevos sentidos... Y esto lo ejerce en función de su *Inteligencia Espiritual*. Es la inteligencia y la capacidad de conocer las realidades que opera en las personas de las personas iluminadas (artistas, poetas y místicos, con creencias religiosas o sin ellas), que han puesto su aposento en ese ático abierto del edificio personal, donde el *homo* se hace *antropos*, capaz de mirar al cielo y a los horizontes infinitos.

Quizás sea también así ese *conocimiento interior* del que habla san Ignacio de Loyola en los *Ejercicios Espirituales*, quien también dice que *"no es el mucho saber lo que sacia y satisface al ánima, sino el sentir y gustar de las cosas internamente"*. Y para ello va proponiendo ejercicios mentales y y espirituales escalonados, hasta culminar en la *"Contemplación para alcanzar amor"*. Y es porque, en esa región del Espíritu, la experiencia humana de *conocer* se compenetra con la experiencia plenificante del *amor*.

Como ejemplo de este experiencia quiero aportar un poema de amor de la poetisa catalana Clara Janés, en el que el componente sexual del animal humano, su instinto más primario y primitivo, realizado en el marco de un encuentro psicosexual erótico, culmina en la esfera del Espíritu con la descubrimiento cognitivo de un amor en plenitud, descubierto, iluminado y regulado por la *Inteligencia Espiritual*:

"Desplegó una sábana azul / que abarcaba los ocho cielos / salpicado de oro de los astros / y me envolvió, y a sí mismo, en ella. / Y como el entero firmamento me abrazó. Y se adentró en mi vida, / y en aquella noche / la deshojó hasta la tersura del alba. / Con el tacto del más leve pétalo / dobló su cabeza en mi cuello. / Sus bucles negros / emitían un aroma de abismo".

Esta experiencia inenarrable de Totalidad en la que culmina el poema de Clara Janés, cuando habla de *astros, de cielos, de firmamentos* y de *abismos*, es también la que expresa Miguel Hernández en aquellos transcendentales versos de amor a su esposa, alzando la vista a las esferas luminosas del Espíritu desde la lúgubre luz de la celda de su cárcel: *"...Besándonos tu y yo se besan nuestros muertos, / se besan los primeros pobladores del mundo...".*

FERNANDO JIMÉNEZ HERNÁNDEZ-PINZÓN

Nacido en Sevilla. Doctor en Filosofía y Ciencias de la Educación por la Universidad Complutense de Madrid, Doctor en Filosofía por la Universidad del Paraguay, Licenciado en Filosofía y Letras por la Universidad Complutense, Licenciado en Psicología por la Universidad de Sevilla, Licenciado en Teología, Diplomado Superior en Psicología Clínica y en Grafopsicología. Ha realizado estudios especializados de Psicopatología, Psicoterapia y Psicoanálisis en la Universidad de la Sorbona de París. Ha sido profesor de Psicología en la Universidad del Paraguay, en la Facultad de Económicas y Empresariales de Córdoba, y en la Escuela Universitaria de Formación del Profesorado de Córdoba. En esta ciudad realiza actualmente su actividad profesional de Psicólogo Clínico y Psicoterapeuta. Ha sido miembro del **Centro de Estudio y Aplicación del Psicoanálisis** de Madrid, integrado en la F.E.A.P. **Federación Española de Asociaciones de Psicoterapia,** y de la **Sección de Psicoanálisis** de la **"American Psycholigical Association".** Es Presidente de Honor de la **AEPA "Asociación Española de Psicología Adleriana".**

Ha impartido numerosos cursos, seminarios y conferencias, en España y en el extrajero, sobre temas de Psicología educativa, Dinámica de Grupos, Psicoterapia, Psicoanálisis y también sobre temas de Literatura.

Premio Zenobia Camprubí" por su trabajo "Dios deseado y deseante, último libro de Juan Ramón Jiménez", finalista al I PREMIO DE NARRATIVA DE LA XV FERIA DEL LIBRO DE ALMERIA por su poema-relato "La viña florecida", Finalista al XXX PREMIO MUNDIAL DE POESÍA MÍSTICA *FERNANDO RIELO* por su poemario "Si por vosotros ha pasado", y FINALISTA AL XXXIV PREMIO MUNDIAL DE POESÍA MÍSTICA *FERNANDO RIELO*, por su poemario "Contemplación para alcanzar amor". Es Académico correspondiente por Moguer de la **Real Academia de Buenas Letras, Ciencias y Nobles Artes** de Córdoba

OTRAS OBRAS DE FERNANDO JIMÉNEZ H.-PINZÓN

"La Comunicación Interpersonal" (3 ediciones) , Ed. ICCE, Madrid
"Técnicas Psicológicas de Asesoramiento y Relación de Ayuda", Ed. Narcea, Madrid.
"Viajes hacia uno mismo" (2 ediciones), Ed. Desclée de Brouwer, colección Serendípity, Bilbao.

"Seminario de Comunicación y Creatividad" Publicaciones del I.C.E. de la Universidad de Córdoba.

"La Fantasía como Terapia de la Personalidad" (2 ediciones) Ed. Desclée

de Brouwer, colección Serendípity, Bilbao.

"A corazón abierto" Ed. Desclée de Brouwer, colección Serendípity, Bilbao.

"Psicoanálisis para educar mejor", Ed. Desclée de Brouwer, colección Serendípity, Bilbao.

"Complejo de Inferioridad. Enfoque terapéutico y psicoeducativo" (Compendio de la Psicología Individual de Alfred Adler) Editorial La Buganville, Barcelona.

"La viña florecida" (poema-relato) Ed. BmmC, Málaga.

"Valores para vivir y crecer" Ed. San Pablo, Madrid.

"Animal de deseos", Editorial Deauno.com, Buenos Aires.

"Anna, mi amiga" (Ensayo biográfico novelado sobre la hija del fundador del Psicoanálisis) Editorial Libros En Red, Argentina.

"Sigmund Freud. Biografía de un deseo", Editorial Libros En Red, Buenos Aires.

"Juan Ramón Jiménez, un dios desconocido", Editorial Deauno.com, Buenos Aires.

"La voz del viento: Cuaderno de recuerdos y añoranzas)" (Poemas) Edición privada.

"La Práctica del Consejo Psicológico (según los principios y metodología del *Counseling* de Carl Rogers"), Editorial ECU, Alicante.

"Tu Personalidad es tu Escritura", Editorial Club Universitario- ECU, Alicante.

"Construye tu pirámide", rd editores. Sevilla.

"Por el Laberinto del Minotauro (Claves del Psicoanálisis para entender el funcionamiento mental y sus perturbaciones)", Editorial Deauno.com, Buenos Aires.

"Un porqué para vivir", Editorial Deauno.com, Buenos Aires.

"Encuentros en el Ágora", coautor: José Mª Carrascosa. Editorial Deauno.com, Buenos Aires.

"Por los antiguos surcos", coautor: José Mª Carrascosa. Editorial Deauno.com, Buenos Aires.

"Cartas de Zenobia o el vuelo de un hada", Editorial Club Universitario-ECU, Alicante.

"En la arboleda de los sueños (La aventura de leer)", coautor: Julia Victoria Jiménez Vacas Editorial Club Universitario- ECU, Alicante.

"Los colores del agua (Diálogo a tres bandas)", coautor:es José Mª Carrascosa y Antonio Espinosa. Editorial Deauno.com, Buenos Aires.

"Microrrelatos histéricos", Imcrea editorial, Badajoz

"Anna Freud, una mujer y un destino", coautor: Julia Victoria Jiménez Vacas Editorial Club Universitario- ECU, Alicante.

"Acabarás teniendo alas (Microrrelatos)", Editorial Club Universitario- ECU, Alicante.

"Cada día, una vida", Editorial Bubok (digital)

"Del amor y la vida (microensayos para pensar, crecer y soñar)", Editorial Lulú (digital)

"Conferencias de psicología y literatura", Editorial Lulú (digital)

"Dios está azul", Imcrea editorial, Badajoz

"En el amor y el mito" (poesía), Editorial (digital).

"Si oyes la voz del viento", Editorial Blurb (digital)

"Igual si fuera un sueño" (poesía), Editorial Blurb) (digital)

"Seminario de recursos psicoterapéuticos", Editorial Lulú (digital)

"Taller: Estructura y dinamismo de la personalidad", Editorial Lulú (digital)

"Taller de crecimiento personal: Tu "Yo" y su Sombra", Editorial Lulú (digital)

"Diario íntimo de un psicoterapeuta", Editorial Lulú (digital)

"Freud: las claves del deseo", Editorial Bubok (digital)

"Taller de *Focusing*", Editorial Lulú (digital)

"Taller de Psicoanálisis y educación" Editorial Lulú (digital)

"Taller de Psicología Individual de Adler", Editorial Lulú (digital)

Taller de Lingüística y Psicología, . Editorial Lulú (digital)

Curso de Introducción a la Psicoterapia Dinámica y Humanística, . Editorial Lulú (digital)

Prácticas psicológicas para conocernos y triunfar,   Editorial Lulú (digital)

Test Grafológico (Método de aplicación directa), Editorial Lulú (digital)

LA FORMACIÓN DEL PSICOTERAPEUTA. Curso de Counseling y Psicoterapia, Editorial Lulú (digital)

Taller de Psicodiagnóstico: La interpretación de las "Manchas de tinta", según el Z-Test, Editorial Lulú (digital)

"Test Grafológico (Método de aplicación directa)", Editorial Lulú (digital)

"Curso-Taller de ANÁLISIS TRANSACCIONAL". Editorial Lulú (digital)

"Diario de estío, con hojas del otoño". Editorial Lulú (digital)

"Dos conferencias sobre el amor". Editorial Lulú (digital)

Taller de Psicopatología para psicólogos. Editorial Lulú (digital)

"De amor, mitología y pensamiento". Editorial Lulú (digital)

"Individualismo Solidario". Editorial Lulú (digital)

"Tres conferencias sobre Freud: Las claves del deseo".Editorial Lulú (digital)

"Ejercicios Espirituales y Psicoterapia". Ed. Lulú (Digital)

"Los ríos sonorosos (Divagaciones sobre arte, belleza y poesía)". Ed. Lulú (digital)

"Ignacio de Loyola, PSICOLOGÍA Y ESPIRITUALIDAD". Ed. Lulú (digital)

"Cuando la luz se enturbia (Diario de un psicoterapeuta)", Ed. Lulú (digital).

"Psicología y Espíritu en la Obra de Juan Ramón Jiménez (Seis conferencias))", Ed. Lulú (digital).

"Psico-Neurología: Instinto, Mente y Espíritu (Cuatro conferencias) Ed. AutoresEditores

"El Complejo de Abandono en Psicoterapia". Ed. Lulú (digital)

"Entre lo humano y lo divino (Evocaciones y reflexiones para cada día)". Ed. Autores Editores.

"Diario de un poeta afortunado" (I), Ed. Autores Editores.

"Diario de un poeta afortunado"(2), Ed. Autores Editores.

"Amor en la mochila" (Poesía). Ed. Autores editores.

"Dios en el que creo" (próxima edición)